RECHERCHES HISTORIQUES

SUR

L'ABBAYE DE FONTFROIDE

DANS LES ARCHIVES DÉPARTEMENTALES DE L'AUDE

ET LES ARCHIVES HOSPITALIÈRES DE NARBONNE

PAR

M. HIPPOLYTE FAURE

ADMINISTRATEUR HONORAIRE

NARBONNE

IMPRIMERIE F. CAILLARD, RUE CORNEILLE, 2

—

1894

RECHERCHES HISTORIQUES

SUR

L'ABBAYE DE FONTFROIDE

RECHERCHES HISTORIQUES

SUR

L'ABBAYE DE FONTFROIDE

DANS LES ARCHIVES DÉPARTEMENTALES DE L'AUDE

ET LES ARCHIVES HOSPITALIÈRES DE NARBONNE

PAR

M. HIPPOLYTE FAURE

ADMINISTRATEUR HONORAIRE

NARBONNE

IMPRIMERIE F. CAILLARD, RUE CORNEILLE, 2

—

1894

OUVRAGES DU MÊME AUTEUR

SUR LES ARCHIVES DES HOSPICES ET SUR
L'ASSISTANCE HOSPITALIÈRE.

1. HOSPICES DE NARBONNE. Classement des archives antérieures à l'année 1790. — *In-4°, Narbonne, Caillard, 1855.*

2. HOSPICES DE NARBONNE. Classement des papiers modernes, faisant suite au Classement des archives antérieures à l'année 1790. — *In-4°, Narbonne, Caillard, 1856.*

3. HOSPICES DE NARBONNE. Supplément au classement des archives antérieures à l'année 1790. Pièces données. Recherches nouvelles. — *In-4°, Narbonne, Caillard, 1863.*

4. COMPTES MORAUX des hospices. Années 1874 à 1885. — *Douze brochures in-8°. Narbonne, Caillard, 1874-1885.*

5. NOTES ET DOCUMENTS sur les archives des hospices et sur les résultats comparés de l'assistance hospitalière, à Narbonne et dans une partie de l'Europe. — *6 volumes in-8°. Narbonne, Caillard, 1886-1887.*

6. ÉTUDE comparée de la situation hospitalière et des subventions municipales à Narbonne et dans le nord de la France. — *In-8°, F. Caillard, 1891.*

7. LES REVENUS des hospices et les subventions municipales. — *In-8°, F. Caillard, 1892.*

8. RÉSULTATS comparés de la mortalité et des dépenses dans l'Hôtel-Dieu de Narbonne et dans cinquante hôpitaux de l'Europe (Italie, Suisse, Autriche-Hongrie, Athènes, Constantinople, Russie, Allemagne, Angleterre, Écosse, etc.) — *In-8°, F. Caillard, 1892.*

9. TABLEAU comparé de la mortalité proportionnelle et du prix de revient de la journée dans la Charité de Narbonne et dans soixante-douze hospices de l'Europe (Belgique, Alsace-Lorraine, Suisse, Italie, Autriche, Lisbonne, Constantinople, Varsovie, etc.) — *In-8°, F. Caillard, 1893.*

RECHERCHES HISTORIQUES

SUR

L'ABBAYE DE FONTFROIDE

DANS LES ARCHIVES DÉPARTEMENTALES DE L'AUDE

ET LES ARCHIVES HOSPITALIÈRES DE NARBONNE.

Les archives départementales possèdent des documents précieux que pourront consulter les personnes désireuses de connaître le passé de Fontfroide. Ces documents sont : 1º un inventaire des archives de Fontfroide, comprenant principalement les titres de la manse conventuelle ; 2º un inventaire particulier des titres de la manse abbatiale ; 3º l'inventaire de quelques titres choisis, dont une copie fut prise, au dix-septième siècle, par le président Doat, conformément aux ordres donnés par Louis XIV. Appréciant l'importance de ces inventaires, nous extrairons du premier de ces documents, deux faits relatifs à l'ancienneté du domaine et aux privilèges dont il jouissait.

Le premier fait concerne la donation de Fontfroide, par Ermengarde, vicomtesse de Narbonne. Cette donation, qui remonte au 21 mars 1157 (12 des calendes d'avril 1157), comprenait une étendue de terrain dont les limites sont indiquées dans un passage de l'inventaire. L'abbaye posséda des terrains plus vastes, dont l'accumulation successive est notée avec soin dans le même document. Les limites indiquées dans la note extraite de l'inventaire s'appliquent exclusivement au domaine proprement dit, sur lequel se trouvent les bâtisses du monastère, et dont les hospices eurent de nos jours la propriété. Tel est le premier fait que nous fournit l'inventaire.

Le deuxième fait, très-important, peut être considéré comme l'origine ou tout au moins la consécration du droit d'asile dont jouissaient anciennement les dépendances du monastère.

Par une bulle datée du dixième jour des calendes de juin 1200 (23 mai 1200), le pape Innocent III accorde au monastère de Fontfroide divers privilèges et exemptions concernant les matières spirituelles, le personnel de l'ordre ou de l'abbaye, et prend « les « abbé et religieux et monastère de Fontfroide sous la

« protection du Saint-Siège et la sienne avec tous ses
« biens notammcnt les granges de Piaas de Vallenodi,
« Pradines, Bénédiction-Dieu, Auterive, Terral, Sainte-
« Eugénie, Gaussan, Vespeilles, le moulin de Marcori-
« gnan, le champ de Matafer, le pré de Livière, les
« possessions de Montredon, Bocacers, Aussou, Ripaut,
« Roussillon, Fontcalvi, Génégals, Pech Estienne,
« Védillan, Coursan, Taura et généralement tous leurs
« biens quelconques... il déclare nulles et frivoles
« toutes les sentences d'excommunication fulminées
« contre ledit monastère, ses biens, bienfaiteurs et
« mercenaires, à cause qu'ils ne payent point de
« dixmes. Il défend de commettre aucun larcin, mettre
« feu, épancher le sang, prendre témérairement un
« homme, le tuer ou exercer aucune violence dans
« l'enclos des lieux ou granges dudit monastère;
« confirme tous les privilèges que les souverains ponti-
« fes ses prédécesseurs, roys, princes et autres fidèles
« ont accordés audit monastère. Il anathématise ceux
« qui le troubleront et, au contraire, comble de béné-
« dictions ceux qui le protègeront, sauf en tout l'auto-
« rité du Saint-Siège. »

Telle est la substance d'une pièce qui, en établissant
ou en maintenant le droit d'asile, en confirmant les
privilèges accordés par les papes antérieurs à Inno-

cent III et par les rois, montre la puissance de l'abbaye, et fait regretter que les précieux papiers de ses archives ne soient pas venus jusqu'à nous.

Les plus grandes précautions avaient été prises pour que les titres des diverses possessions de Fontfroide fussent conservés. En 1594, à l'époque où fut établie, dans un acte public, une division précise entre les biens de la manse conventuelle et ceux de la manse abbatiale, il avait été décidé que les pièces seraient mises en sûreté dans un couvent de Narbonne, et qu'un inventaire séparé serait fait pour les titres de chaque manse. Le local destiné à recevoir les pièces devait être fermé avec deux clefs différentes, dont l'une devait être gardée par les abbés de la manse abbatiale et l'autre par les religieux de la manse conventuelle (1). Malgré les précautions prises, les titres se dispersèrent ou disparurent de nos contrées vers la fin du dix-huitième siècle. Restés

---

(1) Acte du 25 janvier 1594 : « .. jl a esté encore convenu qu'à cause des « inconvenients les titres de lad. abbaye seront enfermés en lieu de seureté « dans un couvent de la ville de Narbonne d'où jls ne seront transportés et « séparés pour chaque manse, desquels aussy séparément sera fait inventaire « dont chacun aura ·extraict, tellement que Messieurs les abbés auront un « extraict de celuy des religieux, et lesd. Religieux un extraict de celuy de « M^{rs} les abbés, avec deux clefs différentes que chacun gardera de son « costé. » — En 1683, les pièces étaient à Narbonne, dans la *tour de Saint-Sébastien* (clocher des Carmélites) ; c'est ce qui résulte d'une note placée à la fin de l'inventaire des titres choisis, dont nous parlons plus haut. Signature : *Léonnard*.

seuls au milieu de nous, après le désastre, les inventaires attestent d'une manière frappante l'utilité des travaux, qui, en résumant les archives, tendent à les
sauver de la destruction et à les préserver de l'oubli.

Si ces documents n'existaient pas, que saurait-on
de positif aujourd'hui sur les archives de l'abbaye et
sur l'abbaye elle-même? L'étendue réelle de ses possessions serait inconnue. Les dons pieux qui accrurent sa
dotation, les largesses des princes de France et d'Espa-
gne qui augmentèrent sa puissance, les privilèges des
pontifes qui fortifièrent son autorité et son influence
religieuses ne seraient attestés à nos yeux par aucun
monument authentique : l'histoire du monastère serait
sans base certaine. Avec les inventaires, les faits
apparaissent dans leur vérité; une lumière inattendue
éclaire le passé : l'appréciation exacte des faits devient
possible. Telle est l'utilité et telle est l'importance des
documents que nous signalons.

Aux deux faits qui se rattachent à l'ancienneté et à
la période brillante de Fontfroide, nous devons ajouter
un fait moderne qui se rattache au déclin de sa splendeur. Ce fait est la vente même de Fontfroide et de ses
dépendances (1), opérée en 1791, par le directoire du

---

(1) Procès-verbaux d'adjudication. — Dates des instructions et décrets
sanctionnés par le roi : 14 et 31 mai; 25, 26 et 29 juin; 5 novembre 1790. —

district de Narbonne, *en vertu des décrets et instructions de l'assemblée nationale* concernant les biens nationaux, et *à la diligence de M. Causse, administrateur et commissaire ou fondé de pouvoirs du département de l'Aude*. Cette vente générale étant la préface naturelle des papiers modernes relatifs au domaine proprement dit, nous en indiquons les points saillants.

Tous les biens composant les manses conventuelle et abbatiale du monastère, et comprenant Fontfroide, Jonquières, Auterive, Prat de Bosc, Aussières, Auris, Taura, Pradines (de Saint-André), Sainte-Eugénie, Gaussan, Pradines (de Narbonne), Terral, Fontcalvi, etc., furent vendus en même temps. La vente dura le 21 et le 22 mai 1791.

Dans la matinée du 21 mai, les offres furent peu considérables. Elles ne purent atteindre ni l'ensemble des offres partielles s'élevant à près de 600,000 livres, ni l'offre générale de MM. de Meaux et Xavier, qui s'élevait à 636,613 livres. Dans la soirée du même

---

La vente eut lieu, au mois de mai suivant, en présence d'un délégué de l'administration départementale (M. Causse) et des membres du directoire du district dont les noms suivent: MM. Joseph Arnaud, président; Guiraud, vice-président; Agel, J. Viennet, R. Hérail, administrateurs du district; Solier, procureur-syndic, et Grimaud, secrétaire. — Les membres cités signèrent les procès-verbaux de vente, avec les acquéreurs des domaines.

jour, l'affluence des acheteurs devint plus grande. Elle s'accrut dans de telles proportions, qu'il fallut prolonger la séance jusqu'à quatre heures et demie du matin.

Une dernière séance, dans la soirée du 22, mit fin à la vente générale, dont le prix, couvrant les offres primitives, s'éleva à 776,055 livres.

Dans ce total se trouvent compris tous les biens des anciennes manses conventuelle et abbatiale de Fontfroide, dans des proportions que nous allons indiquer, en faisant observer toutefois que le prix de vente de cette époque est loin de représenter la valeur réelle des domaines.

Énumération des ventes partielles de chaque manse:

I. *Manse abbatiale.*

1º La métairie de Pradines, dans le terrain de Narbonne (1), estimée cent mille cinq livres (offre de Marguerite Sauron, épouse de M. Gaudens Revial), fut adjugée en faveur de Marc Chavernac et de Pierre

---

(1) Il y avait deux métairies appelées Pradines: l'une, située dans le terrain de Saint-André, faisait partie de la manse conventuelle; l'autre, située à peu de distance de Narbonne, faisait partie de la manse abbatiale. C'est la métairie du terrain de Saint-André qui fut donnée plus tard aux hospices.

Cauffopé, ce dernier agissant pour Jean-Joseph Moustelon, au prix de 100,205 livres.

2o La métairie de Terral, dans le terrain d'Ouveillan, estimée d'abord 49,314 livres 7 sous 6 deniers (offre de M. Barthélemy-Antoine d'Exéa), et ensuite 55,300 livres (offre de M. Joseph Coste-Marel), fut adjugée à M. Andoque de Sériège, au prix de 72,600 livres.

3o La métairie de Fontcalvi, dans le terrain d'Ouveillan, estimée 29,360 livres (offre de M. Jean Buscaillon, de Coursan), fut adjugée à M. Jean-Pierre Demarque, de Cuxac, au prix de 51,000 livres.

4o *Les bâtiments, terres et bois à Saint-Nazaire*, estimés d'abord 27,543 livres 15 sous (offre de Mme Viennet, née Mauclerc), et plus tard 50,000 livres (offre de M. Bénézech fils), furent adjugés à M. Bénézech (Nazaire), au prix de 60,000 livres.

5o *Les biens-fonds de Marcorignan*, estimés d'abord 5,413 livres 3 sous 9 deniers, et plus tard 8,000 livres (offre de M. François Lannolié), furent adjugés à M. Étienne Bouis, de Marcorignan, au prix de 10,300 livres.

II. *Manse conventuelle.*

1º Le monastère de Fontfroide, la métairie de Saint-Julien, les bergeries de La Quille et de l'Escalier, etc., dont l'estimation s'élevait à 99,425 livres, furent mis en vente sur une première offre de M. Lieuzère (56,000 livres). Les offres s'élevèrent successivement à 61,200 livres (offre de M. Daru), à 68,000 livres (dernière offre de M. Lieuzère), à 73,100 livres (offre de M. Bringuier aîné, agissant pour M. Jacques-Joseph Dartiguelongue), et à 75,000 livres (offre de M. Laforgue). La vente définitive eut lieu en faveur de M. Causse (Guillaume-Jacques-Pascal), au prix de 75,300 livres.

Une *partie des bâtiments du monastère, réservée dans le rapport d'estimation,* ne fut pas comprise dans la vente; c'était probablement l'église, à cause des objets de prix qui y étaient enfermés, et dont une partie ne fut enlevée qu'en 1805, ainsi qu'on le verra plus loin.

2º La métairie de Jonquières, dans le terrain de Fontfroide, estimée d'abord 36,915 livres, et plus tard 38,000 livres (offre de M. Jean Fabre), fut adjugée à M. Jean Fabre, agissant pour M. Barthez, commissaire du roi près le tribunal de Narbonne, au prix de 46,700 livres.

3º Les métairies d'Auterive et de Prat de Bosc, dans le terrain de Bizanet, estimées d'abord 98,505 livres 13 sous, et plus tard 100,000 livres (offre de M. Marragon), furent adjugées à M. Fabre (Antoine), d'Ornaisons, au prix de 137,500 livres.

Après la vente, M. Fabre déclara avoir agi pour lui-même en ce qui concernait la métairie entière de Prat de Bosc et un tiers de celle d'Auterive. Il avait agi pour MM. Lieuzère (Jean-Baptiste) et Jean Fabre, de Bizanet, en ce qui concernait les deux autres tiers d'Auterive.

4º Les métairies d'Aussières et d'Auris, dans le terrain de Fontfroide, estimées 58,084 livres, furent adjugées à M. Noël Daru, de Montpellier, au prix de 65,000 livres.

5º La métairie de Taura, dans le terrain de Fontfroide, estimée d'abord 24,787 livres, et plus tard 28,000 livres (offre de M. Jousfret, de Marcorignan), fut adjugée à M. Jean-Pierre Lebraud, de Ferrals, au prix de 28,300 livres.

6º La métairie de Pradines, dans le terrain de Saint-André, estimée 17,506 livres, fut adjugée à M. Bernard Peyre, agissant pour M. J.-A. Just de Montredon, au prix de 15,600 livres.

7º Sainte-Eugénie, dans le terrain de Peyriac-de-Mer, estimée 15,650 livres, fut adjugée à M. Jacques-Michel Huet Lavalinière, au prix de 24,200 livres.

8º La métairie de Gaussan, estimée 65,425 livres, fut adjugée à M. Bringuier aîné, agissant pour M. Jacques-Joseph Dartiguelongue, au prix de 74,800 livres.

9º Une maison à Narbonne, *île le Mas de Font-froide, quartier de Bourg* (1), estimée d'abord 4,000 livres et plus tard 4,400 livres (offre de M. Sounié), fut adjugée à M. Jean Barthez, agissant pour lui et pour M. Louis Barthez, négociant, au prix de 7,500 livres.

10º Un champ *al claus d'en Raïssac,* dans le terrain de Narbonne, estimé 1,000 livres, fut adjugé à M. Joseph Laforgue, de Coursan, au prix de 1,350 livres.

11º Une vigne à Saint-Salvayre, terrain de Nar-

---

(1) La maison vendue, en 1791, avait été achetée en 1700, à un chanoine de Saint-Paul, M. Gabriel Loys, au prix de 2,000 livres. Elle est située dans l'ancienne rue *Cavaillon,* appelée aujourd'hui rue *Parmentier,* et forme une dépendance de la maison actuelle de M. Razouls.

Le monastère a possédé, dans le même quartier, une maison appelée *le Mas de Fontfroide,* qu'il vendit à la province, le 30 octobre 1606, au prix de 2,100 livres, pour la construction de la porte de Perpignan, appelée anciennement porte Connétable. C'est sur le sol même de cette maison que la porte fut construite, par les ordres du connétable de Montmorency, gouverneur de la province.

bonne, estimée d'abord 1,750 livres et plus tard 2,400 livres (offre de M. Régis Figeac), fut adjugée à M. Régis Figeac, au prix de 3,300 livres.

12º Un moulin à vent, dans le terrain de Saint-André, estimé d'abord 1,200 livres et plus tard 1,500 livres (offre de M. Jacques Roger, de Montseret), fût adjugé à M. Jean-Pierre Baillac, originaire de Meaux, habitant de Bizanet, au prix de 1,600 livres.

13º Cent neuf ruches à miel placées dans divers domaines et estimées 612 livres, furent adjugées à M. Antoine Baron, de Narbonne, au prix de 800 livres.

La vente générale produisit 776,055 livres. Tel fut le résultat des adjudications.

Les ventes de Pradines et de Fontfroide, faites à des prix inférieurs à l'estimation, ne furent pas maintenues. Un arrêté du directoire exécutif, daté du 4 germinal an V, réunit ces domaines aux biens nationaux. Des réclamations élevées plus tard, par l'ancien acquéreur de Fontfroide, restèrent sans résultat, ainsi qu'on le verra plus loin.

L'adjudication de Sainte-Eugénie ne fut pas non plus maintenue. Les conditions prescrites pour le paiement n'ayant pas été observées, une adjudication nouvelle eut lieu, le 15 septembre 1792, en faveur de M. Arnaud, au prix de 27,500 livres.

Tels sont les faits concernant la vente de Fontfroide
et de ses dépendances, que nous avons attentivement
recueillis dans les archives départementales. La division
peu connue des domaines qui dépendaient du monastère, et le faible prix de vente, indice certain de l'état
peu prospère du pays, nous ont paru avoir un certain
caractère d'intérêt et d'utilité : c'est ce qui nous a
déterminé à en noter les principaux points.

Après ces détails concernant les ventes, peut-être
souhaitera-t-on connaître à quelle époque l'abbaye
avait reçu chaque domaine, soit par donation, soit par
achat. Les détails suivants pourront satisfaire à ce
désir.

Le monastère de Sainte-Eugénie, dont le nom est cité,
dès les premières années du neuvième siècle, n'était
plus qu'un simple prieuré, en 1163, lorsqu'il reçut, à
titre d'alleu, toute la vallée de Sainte-Eugénie. La donation fut faite par Ermengarde, pour la rédemption de
son âme, ainsi que le constate un titre reproduit
ci-dessous en note (1). Après avoir été réunie à l'abbaye

---

(1) In dei nomine manifestum sit omnibus hominibus p̄sentibus et futuris
quod ego Ermengardis narbonensis vicecomitissa bono animo et spontanea
voluntate mea et sine enganno dono domino deo et sancte marie et sancte eugenie
pro redemptione anime mee et patris mei et m̄tris mee et omnium parentum
meorum et tibi bernardo priori et bernardo psalme et petro delavaleta et omnibus

2

de Fontfroide, en 1189, le 3 des ides de septembre
(11 septembre), par Guillaume du Lac, prieur, et par
cinq religieux, ses confrères, avec l'assentiment immé-
diat d'Ermengarde (11 septembre 1189) et l'approbation
ultérieure de l'Archevêque (juin 1190), Sainte-Eugénie
fut complétée comme domaine, au profit de la même
abbaye, par deux donations (1204-1206) et par deux
achats (1208-1263).

A la fin du onzième siècle, au moment où le premier mouvement des Croisades entraînait vers la terre
sainte les populations de nos contrées, l'abbaye reçut
diverses terres voisines du Terral. Accrues, dans la
suite, par des dons divers, les possessions de l'abbaye
furent complétées, de ce côté, en 1188, par Bernard
Gaucelin, archevêque de Narbonne, qui, après avoir
consulté les clercs de Saint-Just, vendit à l'abbaye
de Fontfroide, pour 6,500 sous melgoriens (1), tout
ce qu'il avait et ce que les autres tenaient de lui,
dans le château, le terrain, les dépendances et la seigneurie du Terral. Ermengarde, vicomtesse de Nar-

---

fratribus ibi deo servientibus tam p̄sentibus quam futuris totam illam vallem
sancte eugenie pro alodio et totum quantum ego habeo in p̄ricto terrano illo et habere
debeo ut ibi faciatis quodcumque facere volueritis sicut domos ortos rameas et agros.
(Extrait d'un titre sur parchemin appartenant au propriétaire actuel).

(1) Le sou melgorien valait 1/48 du marc d'argent fin.

bonne, et Pierre de Lara, son neveu, associé déjà à un pouvoir qu'il devait bientôt exercer tout seul, confirmèrent cette vente, la même année, pour eux et leurs successeurs.

Au douzième siècle, l'abbaye possédait les deux Pradines, dont l'un est cité, en 1147, dans une bulle d'Eugène III, et dont l'autre fut acheté en 1148. Puis vinrent Prat de Bosc et Aussières, vers la fin du même siècle et dans les premières années du siècle suivant, par des donations et des achats successifs; Fontcalvi, en 1191 et en 1203, par deux achats distincts; Auris, par des donations diverses, de 1179 à 1220; Auterive, par divers dons, de 1165 à 1226; Gaussan, formé peu à peu, parcelle à parcelle pour ainsi dire, de 1145 à 1200, tantôt par des donations, tantôt par des achats; et Taura, ajouté à la dotation de l'abbaye, de 1191 à 1194, par deux donations, dont la plus ancienne, celle de 1191, fut faite par Asalaysse, fille de Corneille de Mathes, à condition que le monastère lui donnerait alternativement, chaque année, tantôt une certaine redevance sur le produit de Vespeilles et une partie des dîmes de Taura, tantôt un manteau de Bruges, garni de fourrure (1), et une tunique.

---

(1) *Un manteau de Bruges chamarré de peaux de conils.*— Conil pour lapin (cuniculus) : c'est un vieux mot, dont les lettres radicales se retrouvent

Au treizième siècle, Marcorignan et Saint-Nazaire, enlevés aux Alfaric pendant la guerre des Albigeois, furent donnés par saint Louis à Olivier de Termes. Ce dernier les vendit à l'abbaye de Fontfroide, savoir: les biens-fonds de Marcorignan, le 6 des calendes d'avril 1252 (27 mars 1252), pour mille sous melgoriens; et Saint-Nazaire, en 1257, aux ides de février, avec le château de Sainte-Valière, les forts, les tours, les maisons du même lieu, et les leudes de Pouzols, Maillac, etc., pour 80,000 sous melgoriens (1). Les deux ventes furent confirmées par lettres-patentes de saint Louis.

Sainte-Valière et les droits acquis, en 1257, ne figurent point dans les adjudications du dix-huitième siècle, parce que l'abbaye en avait antérieurement disposé: la leude et les possessions de Pouzols avaient été vendues, au quinzième siècle (avant 1496); Sainte-Valière avait été inféodée, en 1683, au baille du même lieu (Pierre Bousquet), par l'abbé commendataire de Fontfroide, Henri-Achille de la Rochefoucauld, pour

---

dans l'Italien *(coniglio),* dans l'Espagnol *(conejo),* et même dans l'Anglais, où l'on emploie quelquefois *coney* ou *cony* à la place du mot *rabbit,* et où l'on dit *cony-skin* pour désigner la peau du lapin, *cony-burrow, cony-borough, cony-warren,* pour en désigner le clapier ou la garenne.

(1) Acte écrit par *Pierre Isarn, escrivain public de Narbonne* (Ides de février 1257).

une albergue annuelle de 1,000 livres, réduite plus
tard à 800 livres; et les possessions de Maillac, comprenant un fief vendu à l'abbaye, en 1320, par Aymeric
de Narbonne, *seigneur de Pérignan et d'Ouveillan,*
avaient été inféodées, en 1588, au baille de Maillac
(Antoine Bec), moyennant le paiement d'une subven-
tion, dont l'abbaye avait été chargée, et pour un prix
supplémentaire, ultérieurement fixé par le parlement
de Toulouse à quatre cents écus d'or. Cette dernière
somme servit à *relever les ruines de l'abbaye cauzées
par les Huguenots.*

Jonquières, compris dans les ventes de 1791, avait
été réuni à l'abbaye dans le même siècle que Marcorignan et Saint-Nazaire. Une partie avait été donnée, en
1261; deux autres parties avaient été achetées, dix ans
plus tard.

Des deux ventes de 1271 concernant Jonquières,
l'une fut faite le 6 des nones de juillet (2 juillet) pour
8,000 sous melgoriens, par Gentiane, fille de Raymond
de Quillanet; l'autre fut faite, à fonds perdu, le 4 des
calendes de juillet (28 juin), par la veuve de Bernard
de Montpezat, qui se réserva, pendant chaque année
de sa vie, les redevances féodales de trois pièces de
terre et une quantité déterminée de froment, d'orge et
d'huile.

La partie de Jonquières réunie à l'abbaye, en 1261, fut le résultat d'une disposition testamentaire du 7 des ides de juillet (9 juillet), par laquelle Bernard de Montpezat donnait *à l'hôpital et à l'infirmerie du monastère toute sa portion du château et seigneurie de Jonquières*, à condition que le monastère donnerait annuellement *aux pauvres à Narbonne 10 septiers de froment et autant d'orge*. Après un appel à la bonne foi des abbés et religieux du monastère, pour que la rente de dix setiers de blé et de dix setiers d'orge fût régulièrement payée aux pauvres de Narbonne, le testateur autorisait les exécuteurs testamentaires à vendre la portion du château qu'il léguait, dans le cas où le monastère refuserait de servir la rente indiquée.

Tels sont les points saillants des actes qui concoururent à former la dotation magnifique de Fontfroide, divisée et vendue en 1791. Si l'on joint ces faits à quelques-uns de ceux que nous citons plus loin, et qu'on les rapproche des détails relatifs à la vente générale dont nous avons noté les résultats, on sera amené à reconnaître que le passé de Fontfroide se lie à l'histoire même de l'établissement des ordres monastiques dans les environs immédiats de Narbonne, et qu'il constitue, à certains égards, le tableau fidèle de leur origine, de leur accroissement et de leur décadence.

Les papiers classés ci-dessous se rattachent exclusivement au domaine de Fontfroide proprement dit, dont la vente avait été faite, en 1791, en faveur de M. Causse. C'est la seule partie des anciennes dépendances de l'abbaye qui fut donnée aux hospices.

1797-1800. — Bail à ferme concernant le domaine de Fontfroide. Adjudicataire: M. Rieusset. — Date du bail: 10 brumaire an VI (31 octobre 1797). Prix du bail: 3,460 francs. — Un exemplaire et un extrait abrégé du procès-verbal d'adjudication. Un exemplaire du cahier des charges (24 vendémiaire an VI).

Avec ces documents, nous avons classé onze pièces de procédure relatives au même bail (1797-1800).

Le domaine de Fontfroide avait été vendu comme bien national, ainsi que nous l'avons noté ci-dessus. Le corps du domaine, les bâtisses de l'ancien monastère, les bergeries de La Quille et de l'Escalier, la plâtrière de Fraixinel, le jardin de Saint-Julien et le moulin à huile, avaient été achetés à un prix minime, très inférieur à l'estimation. Ce fait et ceux du même genre qui s'étaient produits sur d'autres points, ne passèrent pas inaperçus. Un arrêté du directoire exécutif, rendu le 4 germinal an V, modifia l'état des choses. Les ventes de terres consenties à un prix inférieur à l'estimation furent annulées; l'acquéreur fut déclaré déchu, et les terres qui avaient été aliénées furent réunies au domaine, pour être administrées conformément aux règles usitées en pareil cas. C'est au milieu de cette situation nouvelle que le domaine de Fontfroide fut affermé.

L'adjudication relative au bail à ferme eut lieu en présence de l'administration municipale de Narbonne, composée des membres dont les noms suivent: Despeyroux, président; Debrach, Baron, Chessel et Louis Barthez, administrateurs municipaux; Samaruc, secrétaire-greffier. — MM. Michel Barthe, commissaire du directoire exécutif *extra-muros*; Guillaume Pailhiez, receveur des domaines, et Louis-Alexandre Saulnier, vérificateur de l'agence nationale à Narbonne, assistèrent à la même adjudication et signèrent le procès-verbal avec l'adjudicataire, M. Rieusset, et ses deux cautions, M. Bouisset, notaire, et M. Ratié, propriétaire foncier.

Avant que le fermier prît possession du domaine, l'état des terres fut constaté par MM. Joseph Barthez et Laforgue aîné; l'état des bâtisses fut constaté par M. Bernard Figeac, inspecteur des travaux publics dans la commune de Narbonne.

Le bail de l'an VI fut de courte durée. Par un nouveau bail, daté du 25 floréal an VIII (1800), dont le texte n'est pas aux archives, mais dont les conditions sont consignées dans les livres, le domaine fut affermé, au prix de 2,600 francs, jusqu'à l'année 1810, époque où furent faites des conventions nouvelles pour dix-huit ans (1810-1828).

1802. — Réclamation adressée au conseil d'État, par M. Causse, ancien acquéreur du domaine de Fontfroide.

Cette réclamation avait pour but de faire rapporter l'arrêté du directoire exécutif, du 4 germinal an V, qui annulait la vente faite en 1791. Lettres de M. de Barante, préfet de l'Aude, et de M. Martin, sous-préfet de Narbonne, annonçant que le conseiller d'État Régnier, après s'être occupé de l'affaire de Fontfroide, a envoyé à la préfecture un volumineux dossier composé de soixante-six pièces. Le préfet et le sous-préfet adressent ces pièces à la commission administrative pour avoir son avis.

Au nombre des arguments produits pour faire enlever aux hospices la jouissance provisoire d'un domaine qui leur avait été attribué par l'ancien directoire du département, se trouvait émise l'assertion qu'une propriété comme Fontfroide ne pouvait, sous aucun rapport, convenir à un établissement hospitalier. Dans cet état de la question, les administrateurs exposèrent les besoins des établissements confiés à leur sollicitude, et firent valoir leurs droits.

Les anciens domaines possédés par les hospices avant 1790 leur avaient été enlevés en l'an II. D'autres domaines, destinés à compenser la perte des biens aliénés, leur avaient été donnés en l'an V, à titre provisoire. Toutefois, depuis quelque temps, plusieurs de ces domaines, rendus au propriétaire primitif, étaient déjà perdus pour les hospices (1). Si Fontfroide leur eût été enlevé en l'an X, Pradines l'eût été bientôt pour les mêmes motifs. Que serait-il resté? Que serait devenue la loi du 16 vendémiaire an V, dans son application aux hospices de Narbonne? L'administration locale et le gouvernement ne purent méconnaître le danger d'une pareille situation. La commission ne fut plus consultée sur des réclamations de cette nature, et, deux ans plus tard, la loi du 8 ventôse an XII, en assurant aux hospices la propriété définitive de Fontfroide, reconnut à la fois les besoins de ces établissements et leurs droits.

---

(1) Le Lac, Mattes, Roquefort et Montpezat, attribués primitivement aux hospices de Narbonne, venaient d'être rendus à l'ancien propriétaire, M. de Montels.

La délibération du 20 messidor an X (9 juillet 1802), dans laquelle la commission consigna ses observations sur la demande adressée au conseil d'État par l'acquéreur déchu de Fontfroide, fut signée par MM. Aragon, maire; Jean Tallavignes, adjoint; Régis, Bardy, Sabatié, Coussières et Baron, administrateurs.

1805. — Autel de Fontfroide. — Arnaud-Ferdinand de Laporte, évêque de Carcassonne, *prie le gardien de l'abbaye de Fontfroide de laisser prendre à MM. les administrateurs des hospices de Carcassonne ou aux personnes envoyées de leur part le maître-autel de l'église de Fontfroide et toutes ses dépendances.* Ce maître-autel avait été *réservé pour l'Hôpital de ladite ville de Carcassonne.* Il est placé aujourd'hui, à l'Hôpital-Général, près le pont de l'Aude. — Date du billet: *Carcassonne, ce 4 prairial an XIII* (24 mai 1805).

Signature: † *A. F. év. de Carcassonne.*

L'autel ne fut pas le seul objet dont l'église de Fontfroide fut privée à la même époque. Après une longue interruption du culte, bien des églises manquaient de tout. On alla chercher à Fontfroide les derniers vestiges d'une splendeur éclipsée. Un choix fut fait pour le chef-lieu; les objets peu importants allèrent à Narbonne.

« Tout m'ayant été donné, dit l'évêque de Carcassonne, A.-F. de Laporte, dans une lettre, j'ai été le maître d'en faire ce que je voulais. J'en ai pris ce qui m'était d'abord nécessaire pour la cathédrale, et j'ai ensuite autorisé MM. les marguilliers de Saint-Just, ceux de Saint-Paul à y prendre du pavé; les administrateurs de l'hôpital eux-mêmes à y prendre un autel qu'ils ont placé dans la chapelle de la Charité; le maire d'Ornaisons à y prendre ce qui restait du pavé. » (13 fructidor an XIII. Lettre de l'évêque de Carcassonne au *Magistrat de sûreté de Narbonne,* au sujet d'une plainte portée par les administrateurs des hospices contre le maire d'Ornaisons.)

Les statues en marbre de Saint-Bernard, de Saint-Benoît et de Notre-Dame, que l'on voit encore à la cathédrale Saint-Michel, de Carcassonne, sont sorties de Fontfroide.

1805. — Pavés de l'église de Fontfroide. — Pièces concernant la plainte portée devant le parquet de Narbonne, par les administrateurs des hospices, au sujet d'une extraction considérable de pavés, opérée dans l'église de Fontfroide, par le maire d'Ornaisons et par divers habitants de la même commune. Ces pavés étaient destinés en partie à l'église du village.

Sur une réclamation de l'évêque de Carcassonne démontrant que le maire d'Ornaisons avait reçu l'autorisation nécessaire, les poursuites furent abandonnées.

L'enlèvement des pavés continua. Une partie avait déjà été attribuée à Saint-Just, une partie à Saint-Paul; le maire d'Ornaisons prit le reste.

L'autorisation concernant Ornaisons, donnée d'abord verbalement par M. de Laporte, fut ensuite officiellement confirmée par un arrêté préfectoral du 2me jour complémentaire de l'an XIII (19 septembre 1805), qui défendit à toutes personnes et notamment au garde-champêtre du domaine de Fontfroide, de troubler le maire d'Ornaisons dans l'extraction des pavés.

Ainsi fut mis à nu le sol d'une église dont les ornements principaux avaient déjà disparu. — On chercherait vainement aujourd'hui, dans la même église, les tombeaux des vicomtes de Narbonne et les dons nombreux dont la générosité des princes et la piété des fidèles décoraient ses murs. Peu d'années suffisent pour détruire l'œuvre de plusieurs siècles.

1806-1807. — Réparations opérées à la partie des bâtisses de Fontfroide qui étaient consacrées au service de l'exploitation agricole. Adjudication des travaux en faveur d'Olive, maçon, au prix de 400 francs. — Lettres du sous-préfet de Narbonne, arrêté du préfet de l'Aude et devis estimatifs concernant ces réparations.

1810-1828. — Le domaine de Fontfroide est affermé à M. Marc Brel, pour dix-huit années, moyennant une rente annuelle de 2,225 francs. — Date du bail : 9 septembre 1810. — Lettres de M. Hostalier, sous-préfet de Narbonne, et de M. Trouvé, préfet de l'Aude, concernant le même bail de dix-huit ans, dont le texte fut remis à l'acquéreur de Fontfroide, en 1833. — Vérification des terres par deux experts.

Pendant la durée de ce bail, le domaine de Fontfroide fut sous-affermé, par M. Brel, à M. Thomas Peyre, propriétaire de Grandselme. Les conditions du bail à sous-ferme ne sont pas fixées dans les pièces de cette liasse; on sait seulement par les livres que la rente de Fontfroide, après avoir été payée aux hospices, par M. Brel, jusqu'à la fin de l'année 1821, fut payée, depuis cette époque jusqu'en 1828, par M. Thomas Peyre.

Le 30 septembre 1828, le même domaine fut affermé pour six ans, à MM. Marc Bonnes père et fils, de Peyriac-de-Mer, moyennant 3,200 francs de rente fixe et 9,600 fagots de bois.

Les textes des baux à ferme ne sont pas aux archives. Les conditions indiquées proviennent de diverses pièces et des notes consignées dans les livres.

1811-1818. — Deux baux ayant pour objet de donner à sous-ferme *les plâtrières, les garrigues, les champs et joncasses de Fraixinel,* qui dépendaient de Fontfroide. Date du premier bail : 27 janvier 1811. — Date du deuxième bail : 30 novembre 1818.

Conditions du premier bail : Rente annuelle de cinquante quintaux métriques de plâtre, et paiement, une fois seulement, d'une somme de 600 francs. La rente sera faite à Marc Brel, fermier, par Laurent Bertagne, sous-fermier. — Durée du bail : dix-huit ans. — Notaire : M. Bouisset.

Conditions du deuxième bail : Rente annuelle de 200 francs. Les rentes cumulées de onze années formant un total de 2,200 francs seront données en un seul paiement, le 1er avril 1824. En sus de ces conditions, Célestin Araou, de Prat-de-Cest, nouveau sous-fermier, donnera, chaque année, à M. Marc Brel, fermier des terres de Fontfroide, une quantité de cinquante quintaux métriques de plâtre. — Durée du bail : onze ans. Notaire : M. Génie.

1833. — Vente du domaine de Fontfroide. — Pièces concernant l'autorisation de vendre et la vente.

La vente de Fontfroide, autorisée par une ordonnance royale du 9 août 1833, eut lieu, le 3 novembre de la même année, au prix de 151,000 francs. Acquéreur : M. le baron B. de Saint-Aubin. Notaire : M. Favatier. — Un arrêté préfectoral du 8 du même mois approuva cette vente, qui avait eu lieu en présence de MM. Tallavignes, maire; Theule, Guillaume Fabre, Verdier, Coutouly, Bertrand Calas, administrateurs, et Flavien Pech, receveur.

1833. — État détaillé des pièces concernant Fontfroide, qui furent remises à M. de Saint-Aubin après la vente du domaine. Cet état est signé par MM. Verdier, Theule, Fabre, Coutouly, B. Calas, administrateurs, et par M. de Saint-Aubin, acquéreur du domaine. (Deux exemplaires). — Date : 2 décembre 1833.

Au nombre des pièces indiquées dans cet état, se trouvent les deux suivantes :

1o Donation de Fraixinel, par Ermengaud, de Fabrezan, Guillaume son frère, sa femme et ses enfants, le 14 des calendes de juin 1138 (19 mai 1138);

2o Donation de Fontfroide, par Ermengarde, vicomtesse de Narbonne, le 12 des calendes d'avril 1157 (21 mars 1157).

La comparaison des dates relatives à ces deux pièces, en désignant pour la donation de Fraixinel (1138), une époque antérieure à celle de la donation de Fontfroide (1157), ne doit point surprendre. L'abbaye existait avant que le domaine eût été donné par Ermengarde. Ce fait résulte à la fois des inventaires de Fontfroide considérés dans leur ensemble et de l'examen méthodique des titres qui y sont indiqués.

Si l'on prend l'inventaire de la manse abbatiale, on trouve des religieux établis dans le *désert de Fontfroide* avant que saint Bernard envoie fonder l'abbaye de Grandselve, dans le diocèse de Toulouse, d'où Fontfroide reçut plus tard *la règle et l'habit*. D'après le même document, l'abbaye précède Cîtaux, qui commence à paraître en 1098 ; elle précède Grandselve *dont elle est fille* (1), et doit à cette circonstance la qualification consignée dans la chronique de l'abbaye :

---

(1) Extrait : « L'abbaye de Fontfroide... est des plus anciennes de l'ordre « de Cistaux et quoy qu'elle dépende mediatement de celle de Grand Selve « dioceze de Toulouze, elle estoit neantmoins consacrée au service de Dieu « et de la Sainte Vierge longtemps auparavant que saint Bernard, abbé de « Clervaux, envoyât des Religieux pour fonder l'abbaye de Grand Selve, d'ou « les saints hommes qui habitoient le désert de Fontfroide tirerent ceux qui « leur apporterent la regle et l'habit de Cisteaux, c'est ce qui se justifle par « divers monuments et actes particulierement par celuy du XII des Kalendes « de Juin 1093. » (Ce dernier acte n'est indiqué dans aucune autre partie de l'inventaire).

« L'ordre de Cisteaux ne commença a paroistre qu'en 1098. Grand Selve « n'y fut uny qu'environ l'an 1115, et peu apres le fameux chapitre, ou « l'ordre de Cisteaux naissant avoit assemblé ses religieux pour composer le « résultat de ses Constitutions appelé communement la Carte de Charité.

« Cette ancienneté de l'abbaye de Fontfroide l'a fait appeler commune- « ment a l'esgard de Grand Selve dont elle est fille FILIA ANTE MATREM, selon « la chronique de l'abbaye. »

Filia ante matrem. Telle est l'assertion contenue dans l'inventaire de la manse abbatiale.

Si l'on prend la nomenclature des titres consignés dans les divers inventaires, on trouve que l'abbaye existait à la fin du onzième siècle, et qu'elle prospérait déjà au commencement du douzième. Dans les actes remontant au milieu du onzième siècle, le nom de Fontfroide n'est point encore spécialement désigné : de 1065 à 1097, une partie des donations est indiquée comme ayant été faite en faveur du *monastère*, désigné par ce seul mot ; l'autre partie est attribuée au monastère de *Saint-Michel de Montlaurès*, ou de *Montlaurès*, dont les terres données en 1044 par Bérenger, vicomte de Narbonne, à des bénédictins *de la congrégation de Saint-Michel de La Cluze diocèse de Turin*, restèrent au pouvoir du même monastère pendant 167 ans, et furent achetées en 1211 par l'abbaye de Fontfroide, qui les garda pendant quatre siècles : la vente de Montlaurès ne fut opérée que par l'abbé de Fontfroide, Jean de Noblez-Després (1655-1668), neveu de Claude de Rebé, archevêque de Narbonne.

A dater de 1097, un assez grand nombre de donations mentionnent spécialement Fontfroide. Ainsi, le 12 des calendes de juin 1097 (21 mai 1097), Guillaume Pierre de Coursan, *allant au Saint Sépulcre*, donne à Dieu et à *Sainte-Marie de Fontfroide,* tout son alleu situé aux environs de Pont Serme et du bas Terral, avec les *bagues, cens, salins et pescheries;* en 1118, Pierre Delpuech et Ricarde, sa femme, donnent à Dieu et à *l'abbaye de Fontfroide* leur alleu situé à côté de celui que Guillaume Pierre de Coursan avait déjà donné. En 1139, Raymond de Quillanet donne au *monastère de Fontfroide* tout son *honneur allodial* au territoire de Quillanet. Enfin, en 1145, douze ans avant la donation d'Ermengarde, l'abbaye de Fontfroide fait un premier achat dans les terrains d'Aussou et de Gaussan.

Des documents d'un autre genre, en constatant le même résultat, font connaître des faits utiles.

Dans une charte du douzième siècle, Alphonse II, roi d'Aragon, prend sous sa protection le monastère de Fontfroide, les religieux qui l'habitent, et tout ce que leur ont donné *Aymeric, vicomte de Narbonne, et Ermengarde, sa fille (monasterium sanctæ Mariæ Fontis-frigidi et omnes habitatores illius præsentes et futuros,... et omnia quæ illorum sunt, et quidquid habent dono Aymerici vicecomitis Narbonæ et Ermengardis filiæ ejus).* L'existence de l'abbaye avant la donation de 1157 est indiquée par cette pièce, puisque Aymeric, père d'Ermengarde, mourut en 1134, vingt-trois ans avant la donation que fit sa fille. Pour placer la fondation de Fontfroide à l'année 1157, il faudrait nier à la fois cette charte historique et les actes non moins certains dont nous avons donné les dates.

L'auteur des *Annales Cisterciences*, le prélat espagnol Angel Manriquez, préoccupé surtout de Cîteaux, qui forme le point de départ et la base de ses annales ecclésiastiques, ne place la fondation de Fontfroide que sous la date de 1147. Sa conviction à l'égard d'une origine plus ancienne paraît réelle; néanmoins, il évite de mettre l'abbaye avant Cîteaux ou avant Grandselve, dont elle dépendit plus tard, dans la crainte, dit-il, de faire naître *la fille avant la mère (Fontem-frigidum...* NE ANTE MATREM FILIA NASCERETUR, *in hunc locum remissimus tractandum. Ergo Fonsfrigidus, sive hoc ipso anno simul cum Grandis Silva, seu paulo post Cistercience institutum per monachos ejusdem domûs accepit in Narbonensi diœcesi, principum Narbonensium fundatio).* Quelque interprétation que l'on donne à ce texte, soit que l'on place la fondation de Fontfroide à la date réelle de la fondation de Grandselve, en 1114, et non en 1147; soit qu'on la fasse remonter à l'origine de Cîteaux, en 1098, l'existence du monastère avant la donation d'Ermengarde n'en est pas moins constatée.

La chronologie des Abbés confirme surabondamment le même fait.

Un acte de l'année 1118, cité dans la table historique des abbés de Fontfroide, que l'on trouve dans l'un des inventaires de l'abbaye, dit que Bernard fut le premier abbé. D'après la même table historique on ne trouve aucun autre abbé avant l'année 1134.

Sanche, qui gouverna Fontfroide pendant vingt ans, de l'année 1134 à l'année 1154, put voir l'abbaye déjà prospère et renommée, car elle reçut, dans cette période, des immunités, des donations et des privilèges, attestant à la fois son influence, sa prospérité naissante et la vénération incontestée qu'elle inspirait: dès 1143, Roger, vicomte de Béziers, exempte à jamais Fontfroide de tout tribut de leudes et de cens dans ses terres *(Ego Rogierus... dono, laudo et concedo in perpetuum omnipotenti Deo, et beatissimæ Mariæ, et tibi Bertrando abbati Grandissilvæ, et* MONACHIS FONTISFRIGIDI *præsentibus et futuris, ut in omni terra mea nulli hominum leudam vel censum tribuatis, et quocumque volueritis securè eatis et redeatis)* (1); en 1147, dans une bulle datée d'Auxerre, la troisième

---

(1) Preuves de l'hist. de Lang. ccccLx. *Archives de l'abbaye de Grandselve,* c. 503.

année de son pontificat, le pape Eugène III, venu en France pour préparer la deuxième Croisade, prend sous sa protection le *monastère de Fontfroide, avec tous ses biens, particulièrement les terres de Livière, d'Aussou et Pradines; Il anathématise ceux qui exigeront les dixmes des terres que les religieux dudit monastère cultiveront* PROPRIIS MANIBUS AUT EXPENSIS *comme aussi de la nourriture de leurs troupeaux* (1); et, deux ans plus tard, en 1149, le 15 des calendes de février (18 janvier), après s'être emparé de Tortose et de Lérida; après avoir expulsé les Mores des montagnes placées entre les deux villes, Raymond, comte de Barcelone, prince d'Aragon, marquis de Lérida et souverain de Tortose, donne à Fontfroide le terrain de *Poublez* ou de *Poblet*, pour fonder le monastère devenu illustre, où furent ensevelis dans la suite les rois d'Aragon.

La donation du domaine de Fontfroide proprement dit, bien postérieure à ces faits, n'eut lieu que sous Vital, successeur de Sanche *(Ego Ermengardis vicecomitissa Narbonensis dono Deo, et B. Mariæ, et* VITALI ABBATI... *locum Fontis-Frigidi...* M. C. LVII).

L'existence de l'abbaye à une époque antérieure à

---

(1) Archives départementales. Inventaire général de Fontfroide.

la donation du domaine, ressort avec évidence de ces rapprochements et de ces dates : les actes des particuliers, les donations des princes, la chronologie des abbés, les traditions historiques du monastère et les privilèges des pontifes concourent à constater le même fait. La différence entre les dates des deux documents cités ci-dessus est donc toute naturelle.

L'année précise de la fondation de Fontfroide n'est indiquée dans aucune pièce, parce qu'ici, comme sur bien des points, le monastère s'est formé très-simplement, par la réunion de quelques religieux, cultivant eux-mêmes la terre et priant. Les origines modestes laissent peu de traces écrites. L'abbaye de Fontfroide n'en a point conservé pour les premiers jours de ses annales. Celles qui restent pour divers points de son histoire suffiront dans l'avenir pour démontrer son ancienneté, et pour attester l'influence considérable qu'elle exerça dans nos contrées pendant plus de six siècles.

www.ingramcontent.com/pod-product-compliance
Ingram Content Group UK Ltd.
Pitfield, Milton Keynes, MK11 3LW, UK
UKHW021620130726
13696UKWH00005B/1978